BEI GRIN MACHT SICH IHR WISSEN BEZAHLT

- Wir veröffentlichen Ihre Hausarbeit, Bachelor- und Masterarbeit

- Ihr eigenes eBook und Buch - weltweit in allen wichtigen Shops

- Verdienen Sie an jedem Verkauf

Jetzt bei www.GRIN.com hochladen und kostenlos publizieren

Arndt Ihln

Die Insolvenz der GmbH

GRIN Verlag

Bibliografische Information der Deutschen Nationalbibliothek:

Die Deutsche Bibliothek verzeichnet diese Publikation in der Deutschen National-
bibliografie; detaillierte bibliografische Daten sind im Internet über http://dnb.d-
nb.de/ abrufbar.

Impressum:

Copyright © 2007 GRIN Verlag GmbH
Druck und Bindung: Books on Demand GmbH, Norderstedt Germany
ISBN: 978-3-638-71194-4

Dieses Buch bei GRIN:

http://www.grin.com/de/e-book/70706/die-insolvenz-der-gmbh

GRIN - Your knowledge has value

Der GRIN Verlag publiziert seit 1998 wissenschaftliche Arbeiten von Studenten, Hochschullehrern und anderen Akademikern als eBook und gedrucktes Buch. Die Verlagswebsite www.grin.com ist die ideale Plattform zur Veröffentlichung von Hausarbeiten, Abschlussarbeiten, wissenschaftlichen Aufsätzen, Dissertationen und Fachbüchern.

Besuchen Sie uns im Internet:

http://www.grin.com/

http://www.facebook.com/grincom

http://www.twitter.com/grin_com

FOM Fachhochschule für Oekonomie & Management Essen

Berufsbegleitender Studiengang zum Diplom-Kaufmann

5. Semester

Seminararbeit im Wahlpflichtfach Unternehmensrecht

Die Insolvenz der GmbH

Autor: Arndt Ihln

Düsseldorf, den 16.01.2007

Inhaltsverzeichnis

Abbildungsverzeichnis

Abkürzungsverzeichnis

Abs.	Absatz
AO	Abgaben Ordnung
Bzw.	beziehungsweise
d. h.	das heißt
evtl.	eventuell
Gem.	gemäß
ggf.	gegebenenfalls
GmbH	Gesellschaft mit beschränkter Haftung
GmbHG	GmbH-Gesetz
InsO	Insolvenzordnung
S.	Satz
StGB	Strafgesetzbuch
u. a.	unter anderem
z. B.	zum Beispiel

1 Einleitung

1.1 Historie

Am 01. Januar 1999 wurde die Konkursordnung von 1877 und die Vergleichsordnung von 1935 in den alten Bundesländern, sowie die Gesamtvollstreckungsordnung in den neuen Bundesländern durch die Insolvenzordnung ersetzt[1]. Dies war nötig, um sich von unübersichtlichen und veralteten Vorschriften zu trennen und ein systematisches und einheitliches Vorgehen mit der Neuregelung der Materie zu schaffen[2].

Mittlerweile können auch Privatpersonen einen Insolvenzantrag stellen, was sich Verbraucherinsolvenz nennt und nach sieben Jahren mit einer Restschuldbefreiung enden kann.

1.2 Vorgehensweise

Im Folgenden werden die Grundbegriffe der Themenstellung erläutert. Darauf aufbauend werden die drei verschiedenen Gründe der Insolvenz erläutert. Anschließend wird der Ablauf eines Insolvenzverfahrens betrachtet, welches in das Insolvenzeröffnungsverfahren, in das eröffnete Insolvenzverfahren und in die Beendigung des Insolvenzverfahrens unterteilt wurde. Weiterhin werden die Grundlagen eines Insolvenzplanes erörtert. Abschließend werden die Vor- und Nachteile für die betroffene GmbH betrachtet, sowie das Fazit gezogen.

---

[1] Vgl. Binz/ Hess (2004), Rn. 17, Weyand (2003), Rn. 16.
[2] Vgl. Amend (2003), § 1 Rn. 2; Binz/ Hess (2004), Rn. 17.

2 Begriffserläuterung

2.1 Insolvenz

Als Insolvenz wird die Eigenschaft eines Schuldners bezeichnet, seine Zahlungsverpflichtungen gegenüber den Gläubigern nicht erfüllen zu können. Gründe für eine Insolvenz sind entweder drohende Zahlungsunfähigkeit, Zahlungsunfähigkeit oder Überschuldung. Rechtsgrundlage in Deutschland ist die Insolvenzordnung (InsO).

Das Insolvenzverfahren dient nach § 1 InsO dazu, die Gläubiger eines Schuldners gemeinschaftlich zu befriedigen, indem das Vermögen des Schuldners verwertet und der Erlös verteilt oder in einem Insolvenzplan eine abweichende Regelung insbesondere zum Erhalt des Unternehmens getroffen wird.

2.2 Gesellschaft mit beschränkter Haftung

Eine Gesellschaft mit beschränkter Haftung (GmbH) ist eine juristische Person des Privatrechts, an der sich andere juristische oder natürliche Personen mit einer Kapitaleinlage beteiligen und so Gesellschafter werden. Als juristische Person ist die GmbH selbstständige Trägerin von Rechten und Pflichten. Sie kann Eigentum erwerben, Verträge abschließen und vor Gericht klagen und verklagt werden. Dabei wird sie von den Geschäftsführern als gesetzlichen Vertretern vertreten. Die GmbH haftet für Verbindlichkeiten den Gläubigern gegenüber unbeschränkt mit dem Gesellschaftsvermögen.

Gesellschafter, die ihre Einlagen ordnungsgemäß erbracht und in der Folgezeit nicht gegen die Kapitalerhaltungsvorschriften verstoßen haben, haften regelmäßig nicht für die Verbindlichkeiten der GmbH. Die Geschäftsführung kann aber auch aus verschiedenen Gründen strafrechtlich belangt werden, insbesondere wenn sie in einer Unternehmenskrise ihren Pflichten nicht nachkommt und sich so der Insolvenzverschleppung schuldig macht.

2.3 Insolvenzfähigkeit

Das Gesetz definiert den Begriff „Insolvenzfähigkeit" nicht, sondern nennt nur die Zulässigkeitsvoraussetzungen in § 11 InsO. Das Vermögen, über das ein Insolvenzverfahren eröffnet werden kann muss haftungsrechtlich abgrenzbar sein[3].

---

[3] Vgl. Schmittmann (2007), § 2 Rn. 13.

Teilweise sind juristische Personen des öffentlichen Rechts[4], nicht insolvenzfähig, ebenso ist die Eröffnung einer Insolvenz über das Vermögen des Bundes oder eines Landes unzulässig gem. § 12 Abs. 1, da die Struktur der Insolvenzordnung ungeeignet ist einen Staatsbankrott abzuwickeln[5]. In manchen Bundesländern sind kommunale Zweckverbände insolvenzunfähig[6]. Auch stille Gesellschaften sind nicht insolvenzfähig[7].

---

[4] Religionsgemeinschaften, Kirchen und Rundfunkanstalten öffentlichen Rechts sind nicht insolvenzfähig, im Gegensatz zu Handwerksinnungen, Kreishandwerkschaften, Deutsche Genossenschaftsbanken, die Deutsche Girozentrale oder Landwirtschaftliche Rentenbanken, denen die Insolvenzfähigkeit anerkannt wurde. Vgl. Schmittmann (2007), § 2 Rn. 19 – 21.

[5] Vgl. Schmittmann (2007), § 2 Rn. 18.

[6] Vgl. Amend (2003), § 1 Rn. 7; Schmittmann (2007), § 2 Rn. 25.

[7] Vgl. Schmittmann (2007), § 2 Rn. 28.

3

3 Insolvenzgründe

3.1 Überschuldung

Überschuldung liegt gem. § 19 InsO vor, wenn das Vermögen des Schuldners die bestehenden Verbindlichkeiten nicht mehr deckt. „Überschuldung ist das nach betriebswirtschaftlichen Regeln zu ermittelnde Überwiegen der Passiva über die Aktiva, so dass kein ausreichender Haftungsstock zur Befriedigung der Gläubiger verbleibt."[8] Wenn ein durch Eigenkapital nicht gedeckter Fehlbetrag ausgewiesen werden muss, hat die Geschäftsführung regelmäßig eine Überschuldungsbilanz (vgl. Abbildung 1) zu erstellen[9]. Bei der Ermittlung sind dem Eigenkapital die stillen Reserven zuzurechnen, auch wenn diese bilanztechnisch durch das Realisationsprinzip nicht ausgewiesen werden dürfen. Die Beweislast der Möglichkeit der Unternehmensfortführung bei rechnerischer Überschuldung liegt bei der Geschäftsführung[10].

Aktiva		Passiva	
- Anlagevermögen (zu Liquidationswerten)		- Stammkapital Rücklagen	nicht anzusetzen
- Umlaufvermögen - Erstattungsansprüche (aus aktiven Rechnungs- abgrenzungsposten)		- Rückstellungen - Verbindlichkeiten - Rechnungsab- Grenzungsposten	
Summe Vermögen		**Summe Schulden**	

Abbildung 1: Vereinfachtes Überschuldungsbilanzschema
Quelle: In Anlehnung an Weimar/ Grote (1998), S. 26.

Juristische Personen haften lediglich mit ihrem beschränkten Eigenkapital. Dies ist bei der Überschuldung aufgezehrt, d. h. dass die vorhandene Haftungsmasse zusammengeschmolzen ist und der Gläubiger so auf keine Haftungsmasse mehr zugreifen kann, die ihn schützt[11].

Der Überschuldungsstatus kann nach zwei Bewertungsansätzen ermittelt werden. „Bei einer negativen Fortführungsprognose, d. h. wenn die Finanzkraft der Gesellschaft mittelfristig zur Fortführung des Unternehmens nicht ausreicht, sind die Vermögenswerte und Verbindlich-keiten nach den Liquidationswerten anzusetzen. Im umgekehrten Fall der positiven Fort-

---

[8] Häger (2004), S. 13; Vgl. Schmittmann (2007), § 2 Rn. 129.
[9] Vgl. Schmittmann (2007), § 6 Rn. 51; Weyand (2003), Rn. 29 f.
[10] Vgl. Schmittmann (2007), § 6 Rn. 50.
[11] Vgl. ders. (2007), § 2 Rn. 70.

führungsprognose kommen der Fortführungswert bzw. der Veräußerungswert in Betracht"[12], welcher immer den Liquidationswert übersteigt, da die Veräußerung ohne besonderen Zeitdruck besser planbar und durchführbar ist.[13]

3.2 Drohende Zahlungsunfähigkeit

Da der Gesetzgeber erkannt hat, dass eine frühzeitige Verfahrenseröffnung für eine optimale Befriedigungsquote bzw. für eine Erfolg versprechende Sanierung erforderlich ist, hat er die Möglichkeit der Eigenantragstellung bei drohender Zahlungsunfähigkeit geschaffen[14]. Die drohende Zahlungsunfähigkeit liegt vor, wenn der Schuldner gem. § 18 Abs. 2 InsO voraussichtlich nicht in der Lage sein wird, die bestehenden Zahlungsverpflichtungen im Zeitpunkt der Fälligkeit zu erfüllen, „wobei sich der Prognosezeitraum bis zum spätesten Fälligkeitszeitpunkt der bestehenden Zahlungspflichten erstreckt."[15]. Die Abgrenzung zu der eingetretenen Zahlungsunfähigkeit erfolgt nach Zeitgesichtspunkten. Sollte der Schuldner zur Zeit allen Zahlungsverpflichtungen noch nach kommen können, aber vermuten, dass er in einem absehbaren Zeitraum voraussichtlich die künftigen Zahlungsverpflichtungen nicht begleichen kann, was die Zahlungsunfähigkeit bedeutet, so muss dies wahrscheinlicher seien, als deren Vermeidung, damit die Eröffnung des Insolvenzverfahrens gerechtfertigt ist[16]. Die Antragstellung auf Grund dieses Sachverhaltes kann nur von dem Schuldner und nicht von Gläubigern beantragt werden, damit dieser den Schuldner im Vorfeld einer Insolvenz unter Druck setzen kann[17] und auch da diese Situation durch die Aufstellung eines Finanz- und Liquiditätsplanes erkannt wird und diese Daten nicht extern verfügbar sind. Die „freiwillige" Antragsstellung kann bei einer aus mehreren Personen bestehenden Geschäftsführung aber nicht, wie bei den beiden anderen Insolvenzgründen, nur durch eine Person erfolgen, da die missbräuchliche Nutzung dieser Antragstellung vermieden werden soll, die z. B. aufgrund von internen Streitigkeiten ausgelöst werden könnte.

---

[12] Häger (2004), S. 14; Vgl. Amend (2003), § 1 Rn. 38;Binz/ Hess (2004), Rn. 260 ff.; Schmittmann (2007), § 2 Rn. 75; Weimar/ Grote (1998), S. 25.
[13] Vgl. Zisowski (2001), S. 3.
[14] Vgl. Amend (2003), § 1 Rn. 17; Schmittmann (2007), § 2 Rn. 56, § 2 Rn. 144.
[15] Zisowski (2001), S. 19; Vgl. Amend (2003), § 1 Rn. 22; Weimar/ Grote (1998), S. 157.
[16] Vgl. Schmittmann (2007), § 2 Rn. 61.
[17] Vgl. Amend (2003), § 1 Rn. 18; Binz/ Hess (2004), Rn. 235; Schmittmann (2007), § 2 Rn. 30; Zisowski (2001), S. 19.

3.3 Zahlungsunfähigkeit

„Der Schuldner ist gem. § 17 Abs. 2 S. 1 InsO zahlungsunfähig, wenn er nicht in der Lage ist, die fälligen Zahlungspflichten zu erfüllen."[18] Wenn der Schuldner, auch nach ernsthaftem Einfordern der Verbindlichkeiten der Gläubiger, seine Zahlungen eingestellt hat, ist gem. § 17 Abs. 2 InsO die Zahlungsunfähigkeit in der Regel anzunehmen[19]. Bei der Feststellung der Zahlungsunfähigkeit sind nur Geldschulden zu berücksichtigen, sodass Gewährleistungs-verpflichtungen und geschuldeten Sach-, Werk- oder Dienstleistungen in Zusammenhang mit der Zahlungsunfähigkeit unberücksichtigt bleiben, solange der Gläubiger keinen Schadens-ersatz nach den allgemeinen Vorschriften des bürgerlichen Rechts geltend macht, was eine Geldleistung mit sich bringt, die dann wiederum berücksichtigt werden muss[20]. Auf der anderen Seite werden hier Bargelder und Bankguthaben (Liquidität I. Grades), sowie die fälligen und kurzfristigen Forderungen und kurzfristig veräußerbares Umlaufvermögen (Liquidität II. Grades) berücksichtigt[21]. „Ist der Saldo zwischen Einnahmen und Auszahlungen, korrigiert um Bareinnahmen und –ausgaben, positiv, so liegt keine Zahlungsunfähigkeit vor."[22]

Weiterhin ist die Zahlungsunfähigkeit von der geringfügigen Liquiditätslücke[23] abzugrenzen, da geringfügige Liquiditätslücken bei der Feststellung der Zahlungsunfähigkeit außeracht gelassen werden[24]. Welchen Umfang die geringfügige Liquiditätslücke im Bezug auf die prozentuale Nichtzahlung der Zahlungsverpflichtungen haben darf, wird durch das Recht nicht eindeutig festgelegt, in der Rechtsprechung werden aber Unternehmen die etwa 95 % ihrer Verpflichtungen noch nach kommen können nicht als Zahlungsunfähig eingestuft.[25] Die Beweislast der Liquiditätslücke trägt der Schuldner[26].

Will der Schuldner hingegen seine Verbindlichkeiten nicht begleichen, was als Zahlungs-unwilligkeit bzw. Zahlungsverweigerung des Schuldners bezeichnet wird, so liegt keine Zahlungsunfähigkeit vor, da nur der zahlungsunfähig ist, der nicht zahlen kann und nicht der, der nicht zahlen will[27].

---

[18] Schmittmann (2007), § 2 Rn. 32.
[19] Vgl. Schmittmann (2007), § 2 Rn. 32.
[20] Vgl. Schmittmann (2007), § 2 Rn. 34 f.; Weyand (2003), Rn. 2.
[21] Vgl. Schmittmann (2007), § 2 Rn. 54.
[22] Weimar/ Grote (1998), S. 24.
[23] Eine geringfügige Liquiditätslücke wird auch als Zahlungsstockung bezeichnet.
[24] Vgl. Amend (2003), § 1 Rn. 15; Schmittmann (2007), § 2 Rn. 38, § 4 Rn. 159; Weimar/ Grote (1998), S. 24.
[25] Vgl. Binz/ Hess (2004), Rn. 255.
[26] Vgl. Schmittmann (2007), § 2 Rn. 40.
[27] Vgl. ders. (2007), § 2 Rn. 41.

Die Zahlungseinstellung bezeichnet die stärkste Form der Zahlungsunfähigkeit und liegt vor, wenn die Unfähigkeit der Erfüllung der Zahlungsverpflichtungen nach außen hin in Erscheinung tritt, so dass es für die Geschäftspartner erkennbar ist[28].

---

[28] Vgl. Binz/ Hess (2004), Rn. 249; Schmittmann (2007), § 2 Rn. 45; Zisowski (2001), S. 19.

4 Ablauf einer Insolvenz

4.1 Das Insolvenzeröffnungsverfahren

„In Abhängigkeit von Größe, Branche und Komplexität des Unternehmens, seiner Organisation, seiner Risikostruktur und ggf. auch seiner finanziellen Lage ... [ergeben] sich .. unterschiedliche Anforderungen an ein Risiko-Früherkennungssystem"[29], welches die Geschäftsleitung, resultierend aus der Antragspflicht, einzurichten hat, um Krisen zu vermeiden und eine herannahende Insolvenz frühzeitig zu erkennen[30]. Je eher hier gegengesteuert wird, umso größer sind die Chancen einer drohenden Insolvenz zu entgehen. Sollten die Sanierungsbemühungen, nach Auftreten der Unternehmenskrise, nicht zur Beseitigung des Insolvenzgrundes führen, so hat die Geschäftsführung ohne schuldhaftes Zögern nach § 64 Abs. 1 GmbHG spätestens drei Wochen nach Eintritt des Insolvenzgrundes die Eröffnung des Insolvenzverfahrens zu beantragen.[31] Laut § 15 Abs. 1 InsO obliegt die Pflicht zur Stellung des Insolvenzantrages jedem einzelnen Geschäftsführer. Kommen sie ihrer Antragspflicht nicht nach, so haften sie für den aus der Insolvenzverschleppung entstandenen Schaden, gemäß §§ 64, 71, 84 GmbHG[32]. Der Geschäftsführer der GmbH steht vor einem Dilemma. Er macht sich gegenüber der Gesellschaft schadensersatzpflichtig, wenn er den Eröffnungsantrag womöglich zu früh stellt; er ist andererseits haftbar und gegebenenfalls strafbar, wenn er den Antrag zu spät stellt."[33] „Der der Insolvenzantragspflicht zugrunde liegende Rechtsgedanke besteht darin. die GmbH bei Vorliegen eines Insolvenzgrundes vom Geschäftsverkehr fernzuhalten, damit sie keine Gläubiger schädigt oder gefährdet."[34] Weiterhin kann sich ein Geschäftsführer durch viele weitere Verstöße im Zusammenhang mit der Insolvenz strafbar machen[35].

---

[29] Schmittmann (2006), S. 250.
[30] Vgl. Schmittmann (2006), S. 250; Weimar/ Grote (1998), S. 27; Zisowski (2001), S. 21.
[31] Vgl. Häger (2004), S. 11; Weimar/ Grote (1998), S. 156; Zisowski (2001), S. 21.
[32] Vgl. Amend (2003), § 1 Rn. 46; Theurich/ Schmittmann (2007), § 11 Rn. 36 ff.; Weimar/ Grote (1998) S. 20, S. 156; Zisowski (2001), S. 22.
[33] Weimar/ Grote (1998), S. 27 f.
[34] Weimar/ Grote (1998), S. 21.
[35] Die allgemeinen Straftaten im Zusammenhang mit der Geschäftsführung sind in Strafgesetzbuch geregelt, die speziell auf die Gesellschaftsform bezogenen Straftaten sind z. B. im GmbHG oder im Aktiengesetz zu finden. Eine wirksame Kündigung befreit den Geschäftsführer nicht automatisch von einer möglicherweise bestehenden Schadensersatzpflicht wegen Verletzung seiner Geschäftsführerpflichten. Vgl. Häger (2004), S. 10. Die Nichtanzeige eines Verlustes in Höhe der Hälfte des Stammkapitals stellt eine Straftat dar. Vgl. Theurich/ Schmittmann (2007), § 11 Rn. 32. Auch eine Gläubiger- oder Schuldnerbegünstigung in der Insolvenz wird gem. § 283 StGB bestraft. Vgl. Arens (1999), Rn. 79 ff.; Weimar/ Grote (1998), S. 71. Ebenso auch die Beiseiteschaffung von Vermögen bei eingetretenem Insolvenzgrund. Vgl. Schmittmann (2006), S. 257 f.; Weimar/ Grote (1998), S. 71. Der Betrug gilt als klassisches Begleitdelikt in der Insolvenzkrise des Unternehmens. Vgl. Schmittmann (2006), S. 253.

Das Insolvenzverfahren wird gemäß § 13 Abs. 1 InsO nur auf Antrag eröffnet. Der Insolvenz-antrag kann von dem Schuldner selbst, oder einem Gläubiger gestellt werden[36]. Der Gläubiger hat aber bei Antragstellung ein berechtigtes Interesse nachzuweisen, was durch eine frucht-lose Pfändung, bzw. eine Unpfändbarkeitsbescheinigung bewiesen wird. Dies setzt einen vollstreckbaren Titel voraus[37]. Zu den häufigsten Insolvenzantragstellern in Deutschland zählen Sozialversicherungsträger und Finanzämter, da diese Institute sich ihre Kunden nicht aussuchen können und durch das Insolvenzverfahren eine Marktbereinigungsfunktion der nicht überlebensfähigen Unternehmen ausüben[38].

Der Antrag leitet das Eröffnungsverfahren ein, bei dem das zuständige Insolvenzgericht zunächst die Eröffnungsvoraussetzungen prüft. Zu diesen Voraussetzungen zählt die Zulässigkeit des Antrages, was die Insolvenzfähigkeit einschliesst, die Begründetheit des Antrages, das Vorliegen eines Insolvenzgrundes aber auch vor allem das Vorhandensein ausreichender Insolvenzmasse zur Deckung der Verfahrenskosten[39]. Dies lässt das Gericht durch einen Sachverständigen, bzw. durch den vorläufigen Insolvenzverwalter prüfen[40]. Reicht die verwertbare Masse für die Verfahrenskosten nicht aus, weist das Gericht den Insolvenzantrag mangels Masse ab. Dies kann durch die Einzahlung eines Kostenvorschusses des Gläubigers oder die Stundung der Kosten gem. § 4a InsO vermieden werden und hat einen Anspruch auf Kostenerstattung gegen den Geschäftsführer der insolventen GmbH gem. § 26 Abs. 3 InsO[41].

Bereits in der Phase der Verfahrenseröffnung hat das Gericht die Möglichkeit Sicherungs-maßnahmen zum Erhalt des Vermögens anzuordnen, z. B. durch die Bestellung eines vorläufigen Insolvenzverwalters, sowie auch durch Erlassung von Verfügungsbeschränk-ungen durch den Schuldner und die Gläubiger[42]. Die Weiterführung des Geschäftsbetriebes kann der vorläufige Insolvenzverwalter aber nur bei ausreichenden Mitteln gewährleisten, was

---

Der Grund für das Zögern der Geschäftsführung ist meist die mögliche strafrechtliche Ermittlung gegen sie selbst, die durch die Insolvenzantragsstellung ausgelöst werden kann. Vgl. Weinmar/ Grote (1998), S. 21.

[36] Vgl. Amend (2003), § 1 Rn. 50.

[37] Vgl. Schmittmann (2007), § 2 Rn. 156. Die Einforderungen von Forderung der Gläubiger werden als Zwangs-vollstreckungsverfahren bezeichnet. Hier ist die Abgrenzung zwischen der Einzelzwangsvollstreckung, also der Einforderung einer Forderung des Gläubigers gegen den Schuldner und dem Gesamtvollstreckungs-verfahren, d. h. die Vollsteckung gegen das gesamte Vermögen des Gemeinschuldners, was als Insolvenz-verfahren bezeichnet wird, zu beachten. Vgl. Zisowski (2001), S. 17.

[38] Vgl. Schmittmann (2006), S. 256; Schmittmann (2007), § 2 Rn. 7, § 2 Rn. 145.

[39] Vgl. Zisowski (2001), S. 18.

[40] Vgl. Amend (2003), § 1 Rn. 120; Binz/ Hess (2004), Rn. 178.

[41] Vgl. Binz/ Hess (2004), Rn. 2845 ff.; Schmittmann (2007), § 2 Rn. 152, § 2 Rn. 160; Weimar/ Grote (1998), S. 160.

[42] Vgl. Amend (2003), § 1 Rn. 130, Beck (2003), Rn. 7 ff.; Weimar/ Grote (1998), S. 28.

bei den Eröffnungsverfahren durch Kostenvorschuss meist nicht gegeben ist. So sind notwendige Wartungs- und Reparaturmaßnahmen vom vorläufigen Insolvenzverwalter durchzuführen, ebenso sind Gebäude und sonstige Vermögensgegenstände im notwendigen Umfang versichert zu halten[43]. Auch bei bereits ruhender Geschäftstätigkeit ist die Weiterführung ohne weiteres nicht möglich. Wird der Betrieb aber weiter geführt, so kommt der Vorfinanzierung der ausstehenden Löhne große Bedeutung zu. Da ohne Arbeitnehmer keine Betriebsfortführung erfolgen kann, muss der dreimonatige Anspruch auf das Insolvenzgeld vorfinanziert werden, was der Genehmigung der Agentur für Arbeit bedarf[44]. Sollte hingegen eine Stilllegung des Betriebes erfolgen, um eine erhebliche Verminderung des Vermögens zu vermeiden, so ist dies mit der Zustimmung des Insolvenzgerichtes vor Eröffnung der Insolvenz möglich[45].

Liegen hingegen aber alle Eröffnungsvoraussetzungen vor, so eröffnet das Gericht das Insolvenzverfahren durch Eröffnungsbeschluss, welcher auch den endgültigen Insolvenzverwalter benennt. Die Mitteilung über die Eröffnung des Insolvenzverfahrens ist öffentlich bekannt zu machen sowie dem Schuldner und seinen Gläubigern zuzustellen. Weiterhin ist die Insolvenz im Handelsregister, sowie auch im Grundbuch einzutragen.

4.2 Das eröffnete Insolvenzverfahren

Durch die Eröffnung des Insolvenzverfahrens verliert der Schuldner die Verwaltungs- und Verfügungsmacht über sein Vermögen. Verfügungen des Gemeinschuldners sind nach der Eröffnung des Verfahrens gemäß § 81 Abs. 1 InsO grundsätzlich unwirksam. Das wirtschaftliche Verfügungsrecht über das Vermögen des Gemeinschuldners steht mit der Verfahrenseröffnung den Insolvenzgläubigern gemeinschaftlich zu, die zum Zeitpunkt der Insolvenzeröffnung eine persönliche Forderung gegenüber dem Gemeinschuldner haben[46]. Allerdings dürfen diese ihr Verfügungsrecht nicht selbst ausüben. Das Verwaltungs- und Verfügungsrecht über die Insolvenzmasse geht auf den vom Insolvenzgericht bestellten Insolvenzverwalter[47] über. Dieser ist zur Erfüllung der Aufgaben verpflichtet. Dazu gehört u. a. die Inbesitznahme und Verwaltung der Massengegenstände nach § 148 Abs. 1 InsO, die

---

[43] Vgl. Amend (2003), § 2 Rn. 55, § 2 Rn. 58; Binz/ Hess (2004), Rn. 432 f.
[44] Vgl. Amend (2003), § 1 Rn. 141 – 144, § 2 Rn. 215 ff.; Vgl. hierzu vertiefend Binz/ Hess (2004), Rn. 508 ff.; Braun/ Wierzioch (2003), Rn. 8; Plössner (2007), Rn. 256 ff.; Voigt-Salus (2007), Rn. 110.
[45] Vgl. Binz/ Hess (2004), Rn. 489.
[46] Vgl. Zisowski (2001), S. 1.
[47] Der Insolvenzverwalter wird vom Insolvenzgericht bestellt und unterliegt darüber hinaus nach § 58 InsO der Aufsicht des Insolvenzgerichts. Der Gesetzgeber hat sich damit für eine Zwischenlösung zwischen privatrechtlichem und hoheitlichem Insolvenzverfahren entschieden. Vgl. Zisowski (2001), S. 24.

insolvenzrechtliche Rechnungslegung nach den §§ 151 – 153 InsO[48], sowie die Entscheidung über schwebende Vertragsbeziehungen[49] nach den §§ 103 – 113 InsO.[50]

Auch besteht die Möglichkeit der Eigenverwaltung unter Aufsicht eines Sachwalters, wenn die Gläubigerversammlung dem zustimmt[51]. Dabei bleibt die Verwaltungs- und Verfügungsmacht auch nach Eröffnung des Insolvenzverfahrens weiterhin beim Schuldner. Der Vorteil liegt hier, gegenüber der Verwaltung des Insolvenzverwalters, in besonderen Geschäftskenntnissen des Schuldners und der Vermeidung von Einarbeitungszeiten, die im Falle der Eigenverwaltung komplett entfallen würden[52]. Nachteilig ist zu betrachten, dass weiterhin dasselbe Management zur Unternehmensführung eingesetzt wird, was das Unternehmen, auch meistens, verschuldet durch Managementfehler, in die Unternehmenskrise brachte. Aus diesem Grunde wird die Eigenverwaltung nur sehr selten durch die Gerichte angeordnet[53]. Das Insolvenzgericht kann, um hier gegen zu steuern, anordnen, dass alle bedeutenden Rechtsgeschäfte nur mit der Zustimmung des Sachwalters wirksam werden[54].

Eine der ersten Amtshandlungen des Insolvenzverwalters wird die Prüfung bestehender Ansprüche gegen die Gesellschafter wegen evtl. noch ausstehender Bar- oder Sacheinlagen sein. Da bei Gründung der GmbH nur die Hälfte des Stammkapitals von den Gesellschaftern einfließen muss, besteht die Möglichkeit, dass einige Gesellschafter ihre Einlagen noch nicht zu hundert Prozent geleistet haben. Die fehlenden Leistungen werden vom Insolvenzverwalter spätestens nach der Insolvenzeröffnung eingefordert, sofern noch keine Verjährung eingetreten ist.[55]

Alle Vermögensgegenstände müssen in einem Massenverzeichnis erfasst werden[56]. Das Vermögen, welches nach Verfahrenseröffnung entsteht wird auch der Insolvenzmasse zugerechnet. Auch müssen alle bestehenden Forderungen gegen die Gesellschaft ermittelt werden[57]. Dies geschieht gem. § 174 InsO durch die Aufforderung aller Geschäftspartner ihre

---

[48] Vgl. Amend (2003), § 2 Rn. 65.
[49] Der Insolvenzverwalter kann gem. § 113 Abs. 1 InsO ohne Rücksichtnahme auf vereinbarte Kündigungsfristen bestehende Arbeitsverhältnisse mit Kündigungsfrist von drei Monaten kündigen. Vgl. Amend (2003), § 2 Rn. 179 ff.; Schmittmann (2007), § 4 Rn. 51.
[50] Vgl. Amend (2003), § 2 Rn. 43; Zisowski (2001), S. 23 f.
[51] Vgl. Binz/ Hess (2004), Rn. 840; Schmittmann (2007), § 3 Rn. 89. Vgl. hierzu vertiefend Binz/ Hess (2004), Rn. 1248 – 1251.
[52] Vgl. Schmittmann (2007), § 3 Rn. 110.
[53] Vgl. ders. (2007), § 3 Rn. 118.
[54] Vgl. vertiefend Amend (2003), § 2 Rn. 479 ff.
[55] Vgl. Schmittmann (2007), § 2 Rn. 87.
[56] Vgl. Amend (2003), § 2 Rn. 66 ff.; Binz/ Hess (2004), Rn. 1086; Schmittmann (2007), § 4 Rn. 66.
[57] Vgl. Schmittmann (2007), § 4 Rn. 70.

Forderungen beim Insolvenzverwalter anzumelden[58]. Sofern diesen Anmeldungen im Prüfungstermin nicht widersprochen wird, gelten die Forderungen als festgestellt[59]. Diese werden anschließend vom Insolvenzgericht mit ihrem entsprechenden Rang in die Insolvenztabelle eingetragen und die Forderungen gelten somit als tituliert.

Bestehen Forderungen der Finanzbehörden gegen die Unternehmung, so kann die Finanz-behörde „nach Eröffnung des Insolvenzverfahrens die Ansprüche aus dem Steuerschuld-verhältnis nicht mehr nach den Vorschriften der AO vollstrecken"[60], da Insolvenzrecht über Steuerrecht steht[61].

Ein Forderungsverzicht, d. h. ein Gläubiger der Gesellschaft verzichtet gegenüber der Gesellschaft auf eine vollwertige Forderung, stellt ein schnelles und einfaches Mittel zur Beseitigung des Insolvenzgrundes dar. Die Finanzierungskosten des zu sanierenden Unternehmens können so gesenkt werden, was die Ertragskraft stärkt. Der Forderungsverzicht kann unbedingt oder bedingt sein. Mit dem unbedingten Forderungsverzicht erlischt die Gläubigerforderung vollständig und lebt auch nach erfolgreichen Sanierungsmaßnahmen nie wieder auf, im Gegensatz zum bedingten Verzicht. Dies werden vermehrt Gläubiger in betracht ziehen, die an einer weiteren Geschäftsbeziehung interessiert sind, da die angebotenen Güter „einmalig" oder immens wichtig für den Gläubiger sind.[62]

Weiterhin ist ein Gläubigerverzeichnis zu erstellen, in dem sämtliche Verbindlichkeiten aufzulisten sind[63]. „Sinn und Zweck des Gläubigerverzeichnisses ist es, einen möglichst umfassenden Überblick über Art und Umfang der Verbindlichkeiten des Schuldners zu erlangen. Anders als in der Insolvenztabelle werden im Gläubigerverzeichnis auch Forderungen erfasst, die im Insolvenzverfahren nicht angemeldet werden, dies gewinnt vor allen Dingen bei einer etwaigen Restschuldbefreiung Bedeutung, da diese alle Insolvenz-forderungen erfasst, und zwar unabhängig davon, ob sie im Insolvenzverfahren geltend gemacht wurden oder nicht."[64] Die Aufstellung des Gläubigerverzeichnisses ist zugleich eine wichtige Vorarbeit für die zu erstellende Vermögensübersicht die der Gläubigerversammlung präsentiert wird[65].

---

[58] Vgl. Binz/ Hess (2004), Rn. 1133; Schmittmann (2007), § 4 Rn. 100.
[59] Vgl. Amend (2003), § 2 Rn. 252; Schmittmann (2007), § 4 Rn. 103; Vgl. hierzu vertiefend Pape/ Uhlenbruck (2002), Rn. 725 ff.
[60] Maus (2004), Rn. 2; Vgl. Amend (2003), § 1 Rn. 68.
[61] Vgl. Maus (2004), Rn. 1.
[62] Vgl. Häger (2004), S. 56 f.
[63] Vgl. Binz/ Hess (2004), Rn. 1120.
[64] Binz/ Hess (2004), Rn. 1111.
[65] Vgl. Amend (2003), § 2 Rn. 74 ff.; Schmittmann (2007), § 4 Rn. 71.

Um alle diese Informationen zu beschaffen, hat der Schuldner gem. § 97 InsO eine Auskunfts- und Mitwirkungspflicht, sowie eine Pflicht zur Unterstützung des Verwalters bei der Erfüllung seiner Aufgaben[66].

Im so genannten Berichtstermin entscheidet die Gläubigerversammlung, die aus allen Gläubigern des Schuldners besteht und das oberste Organ im Rahmen der insolvenz-rechtlichen Selbstverwaltung ist, über den weiteren Verlauf des Verfahrens[67]. Diese Entscheidung trifft sie, aufgrund der Aussage des Insolvenzverwalters zur wirtschaftlichen Lage des Schuldners und deren Ursachen. Auch hat der Insolvenzverwalter die Möglichkeiten durch einen Insolvenzplan die Erhaltung des Unternehmens im Ganzen oder in Teilen aufzuzeigen, was durch Sanierungen erreicht werden kann[68]. Letztendlich bestehen neben der Liquidation des insolventen Unternehmens auch die Möglichkeit, zum einen nach nicht unerheblichen Investitionen und Umstrukturierungen das Unternehmen so zu sanieren und aufzustellen, dass es wieder in der Lage ist, selbstständig Erträge zu erwirtschaften. Zum anderen existiert die Option der Veräußerung von überlebensfähigen Teilen des Unternehmens an einen anderen Rechtsträger, z. B. einen Wettbewerber, wodurch die Gläubiger befriedigt werden können. Diese drei Möglichkeiten sind nach dem Gesetz als gleichrangig zu betrachten, wobei der Liquidation in der Praxis die größte Bedeutung zukommt. Weiterhin muss der Insolvenzverwalter sämtliche Auswirkungen für die Gläubiger erläutern. Nachdem sich die Gläubigerversammlung so ein umfassendes Bild machen konnte, hat sie nun, gem. § 157 InsO, darüber zu entscheiden, ob das Unternehmen stillgelegt[69] oder vorläufig fortgeführt werden soll, was auch mit Hilfe eines Insolvenzplanes erfolgen kann. Sollte Uneinigkeit über das weitere Vorgehen bestehen, so kann das Insolvenzgericht eine endgültige Entscheidung herbeiführen. Nach der Versammlung hat der Insolvenzverwalter unverzüglich die Verwertung der Insolvenzmasse einzuleiten, soweit die Gläubiger keine entgegenstehenden Beschlüsse gefasst haben. Bei Veräußerung des Betriebes an besondere Interessenten oder Veräußerung unter Wert, haben die Gläubiger gem. §§ 162 f. InsO ihre Zustimmung zu erteilen.[70]

---

[66] Vgl. Amend (2003), § 1 Rn. 75, § 2 Rn. 117 f.; Schmittmann (2007), § 4 Rn. 25 f.; Weimar/ Grote (1998), S. 160; Zisowski (2001), S. 27.
[67] Vgl. Amend (2003), § 2 Rn. 19 f.
[68] Vgl. Uhlenbruck (2006), Rn. 77.
[69] Die Stilllegung eines Unternehmens wird auch als Liquidation bezeichnet. Hierbei wird das Schuldnerver-mögen zu Geld gemacht und der Erlös an die Gläubiger verteilt.
[70] Vgl. Amend (2003), § 2 Rn. 20, § 2 Rn. 103 ff.; Schmittmann (2007), § 4 Rn. 79 – 82.

4.3 Die Beendigung des Insolvenzverfahrens

Bei der Liquidation eines insolventen Unternehmens wird der Erlös, welcher durch die Verwertung der Insolvenzmasse entstanden ist, an die Insolvenzgläubiger verteilt. Bevor der Erlös jedoch verteilt werden kann, müssten zunächst die am Erlös berechtigten Insolvenzgläubiger durch ein Feststellungsverfahren ermittelt werden. Im Anschluss an das Feststellungsverfahren kann die Erlösverteilung erfolgen. Dabei wird der Erlös nach Quoten, welche zuvor im Prüfungstermin ermittelt wurden, auf die Insolvenzgläubiger verteilt. Ist die gesamte Insolvenzmasse verteilt und das Unternehmen damit wertmäßig liquidiert, wird ein Schlusstermin abgehalten, indem der Insolvenzverwalter die Schlussrechnung vorlegen muss, welche ein vollständiges Bild über seine gesamte Geschäftsführungstätigkeit, die Schlussbilanz, den Schlussbericht, sowie einen vollständigen Bericht über die Verwertung der Masse enthält[71]. Dem Schlusstermin folgt die Zustellung des Insolvenzaufhebungsbescheides an den Geschäftsführer, dem die Aufhebung des Verfahrens folgt.

Ein Insolvenzplan muss vom Insolvenzgericht zugelassen werden und durch einen Beschluss der Gläubigerversammlung legitimiert[72] werden, was nach dem Erörterungs- und Abstimmungstermin, einer besonderen Gläubigerversammlung, in der zunächst der Plan und das Stimmrecht erörtert werden, erfolgen kann. Auch der Schuldner muss seine Zustimmung erteilen, welche aber gem. § 247 InsO als erteilt gilt, wenn nicht spätestens im Abstimmungstermin widersprochen wurde. Anschließend erfolgt die Aufhebung des Insolvenzverfahrens durch das Gericht[73]. Eine Überwachung[74] der Planerfüllung kann erfolgen, was einer ausdrücklichen Vereinbarung bedarf. Außerdem ist die Aufhebung des Verfahrens öffentlich bekannt zu machen. Der Schuldner erhält dadurch die Verwaltungs- und Verfügungsmacht über sein Vermögen zurück, die Ämter des Insolvenzverwalters und Mitglieder der Gläubigerversammlung erlöschen, falls sie keinen Überprüfungsauftrag erhalten haben. Die vereinbarte Einhaltung des Planes obliegt nun dem Schuldner[75].

„Stellt sich nach der Eröffnung des Insolvenzverfahrens heraus, dass die Insolvenzmasse nicht ausreicht, um die Kosten des Verfahrens zu decken, so wird das Verfahren gemäß § 207 Abs. 1 InsO eingestellt, sofern nicht ein ausreichender Geldbetrag vorgeschossen wird oder eine

---

[71] Vgl. Amend (2003), § 2 Rn. 441 f.; Binz/ Hess (2004), Rn. 2809 ff.; Schmittamnn (2007), § 4 Rn. 110 f.

[72] Der Insolvenzplan gilt erst dann als angenommen, wenn alle Gläubigergruppen, nicht nur die Mehrheit der Gruppen, zugestimmt haben und in jeder Gruppe Kopf- und Summenmehrheit erreicht wurde. Bei Uneinigkeit kann das Insolvenzgericht die Zustimmung ersetzen. Vgl. Amend (2003), § 3 Rn. 54; Weimar/ Grote (1998), S. 159.

[73] Vgl. Binz/ Hess (2004), Rn. 2796.

[74] Vgl. hierzu vertiefend Binz/ Hess (2004), Rn. 2803 ff.

[75] Vgl. Amend (2003), § 3 Rn. 70.

Stundung der Verfahrenskosten gemäß § 4a InsO vorliegt."[76] Dies wird als Massenlosigkeit bezeichnet. Sollte hier nur eine Massenunzulänglichkeit vorliegen, wird das Verfahren nicht beendet[77]. Ebenso wird das Verfahren eingestellt, wenn der Insolvenzgrund entfallen ist, was bedingt durch einen unbedingten Forderungsverzicht der Gläubiger oder durch den Erhalt von uneinbringlich geglaubten Forderungen möglich ist[78].

4.4 Das Insolvenzplanverfahren

Der Insolvenzplan, der in den §§ 217 ff. InsO geregelt ist, lehnt sich an Chapter 11 des U.S. Bankruptcy Code an[79] und kommt hauptsächlich in Betracht, wenn das Unternehmen erhalten werden soll. Der Schwerpunkt liegt bei der Unternehmenssanierung, die sich am ehesten auf der Grundlage einer gemeinschaftlichen, von allen Beteiligten mitgetragenen Lösung verwirklichen lässt. Der Insolvenzplan ist aber nicht nur ein Sanierungsinstrument, sondern kann auch Grundlage einer Liquidation sein. Je nach dem welche Verwertungsart vorliegt, wird in Sanierungs-, Übertragungs- oder Liquidationsplan unterschieden[80].

Gegenstand des Planes können gem. § 217 InsO eine von den gesetzlichen Bestimmungen abweichende Befriedigung der Insolvenzgläubiger, eine abweichende Verwertung bzw. Verteilung der Insolvenzmasse oder eine abweichende Vereinbarung über die Haftung des Schuldners nach Verfahrensbeendigung seien[81]. Der Inhalt des Plans wird laut §§ 219 ff. InsO in den darstellenden und den gestaltenden Teil unterteilt. Diese Aufteilung hat die Gewährleistung einer klaren Entscheidungsgrundlage, für die Annahme des vorgeschlagenen Insolvenzplans, aller Beteiligten sicherzustellen. Der darstellende Teil erläutert Konzept und konkrete Maßnahmen, die der Unternehmensänderung zugrunde liegen z. B. Personalanpassungen oder die Änderung der Betriebsstruktur, wohingegen im gestaltenden Teil die geänderte Rechtsstellung aller Beteiligten aufgezeigt wird[82]. Hier kann auch nach § 260 InsO die Kostenübernahme für die Planerfüllungsüberwachung vorgesehen werden[83]. „Sieht der Insolvenzplan keine anderweitige Regelung vor, so wird der Schuldner, wenn er der in Insolvenzplan vorgesehenen Befriedigung der Gläubiger nachkommt, gemäß § 227 InsO von

---

[76] Schmittamnn (2007), § 4 Rn. 115; Vgl. Amend (2003), § 2 Rn. 459.
[77] Vgl. Amend (2003), § 2 Rn. 455 ff.
[78] Vgl. dies. (2003), § 2 Rn. 451.
[79] Vgl. Weimar/ Grote (1998), S. 157 f.; Weisemann/ Holz (1999), Rn. 15 f.
[80] Vgl. Amend (2003), § 3 Rn. 3; Binz/ Hess (2004), Rn. 2558.
[81] Vgl. Amend (2003), § 3 Rn. 1.
[82] Vgl. Amend (2003), § 3 Rn. 14 ff.; Binz/ Hess (2004), Rn. 2546 ff.; Weimar/ Grote (1998), S. 158.
[83] Vgl. Amend (2003), § 3 Rn. 71.

den restlichen Verbindlichkeiten gegenüber diesen Gläubigern befreit."[84] Dem Insolvenzplan ist eine Vermögensübersicht, eine Planbilanz, eine Plan-Gewinn- und Verlustrechnung, sowie eine Planliquiditätsrechnung beizufügen[85].

Ein Insolvenzplan ist insbesondere in Erwägung zu ziehen, wenn dieser, durch Sanierung oder Reorganisation, dazu führen kann, dass wenigstens ein Teil der bedrohten Arbeitsplätze gerettet werden und das Unternehmen dem Wettbewerb als „gesunder" Marktteilnehmer erhalten bleiben kann. Auch die Gläubiger profitieren davon, da sie in der Regel bei Fortbestand des Unternehmens eine höhere Quote als bei dessen Zerschlagung erhalten. Ob das Unternehmen saniert werden kann, hängt zum einen von den Ursachen der Insolvenz und zum anderen von der Bereitschaft aller Beteiligten an der Rettung des Unternehmens mitzuwirken ab. Dazu ist unter anderem eine Ursachen- und Schwächenanalyse erforderlich, die sich mit den Marktverhältnissen befasst und feststellt, ob es für die Unternehmensprodukte überhaupt einen Markt gibt, da eine Sanierung ohne Absatzchancen der Produkte sinnlos wäre. Weiterhin müssen die Fixkosten z. B. Mieten und Lohnkosten, die den Unternehmenserfolg in erheblichem Masse beeinflussen überprüft und teilweise erheblich gesenkt werden.

Letztendlich hängt die Sanierungsfähigkeit im Wesentlichen auch von den Ressourcen des Unternehmens, wie der Kapitalausstattung, der Führungsstruktur, der Qualifikation der Mitarbeiter, sowie auch des Technologiestandes ab. Da das Insolvenzrecht das Sanierungsverfahren nicht in allen Einzelheiten regelt, sondern nur einen rechtlichen Rahmen zur Verfügung stellen kann, stellt der Insolvenzplan hier ein geeignetes Instrument dar, um die unterschiedlichen Gläubiger- und Schuldnerinteressen zu einem angemessenen Ausgleich zu bringen. Das Planverfahren ist zwar nicht auf Sanierung beschränkt, wird aber bei der Sanierung seine größte Bedeutung entfalten.

Mit der Wiederauflebungsklausel stellt das Gesetz laut §§ 255 ff. InsO ein erhebliches Druckmittel zur Verfügung. Sollte der Schuldner mit der Erfüllung einer gestundeten oder teilweise erlassenen Forderung erheblich in Rückstand geraten, so werden Stundung und Erlass für den betroffenen Gläubiger hinfällig. Der Gläubiger muss aber den Schuldner vorher gemahnt und ihm eine zweiwöchige Nachfrist gesetzt haben. Die Eröffnung eines Insolvenzverfahrens ist nun wieder möglich.[86]

---

[84] Amend (2003), § 3 Rn. 25; Vgl. Binz/ Hess (2004), Rn. 2564.
[85] Vgl. Amend (2003), § 3 Rn. 27 ff.; Binz/ Hess (2004), Rn. 2569; Weimar/ Grote (1998), S. 157.
[86] Vgl. Amend (2003), § 3 Rn. 65.

4.5 Vor- und Nachteile der Insolvenz für die GmbH

Die Vorteile der Insolvenz einer GmbH kann in der erfolgreichen Sanierung eines unrentablen Unternehmens bestehen, da der Insolvenzverwalter viel Erfahrung und Knowhow in diesem Bereich mitbringt, die der Unternehmung helfen kann, sich von verlustbringenden Verträgen oder Unternehmensteilbereichen zu trennen und teilweise auch, aufgrund der Unbefangenheit eines „Außenstehenden", schon längst fällige Entscheidungen zu treffen.

Durch das Verbot, bzw. der Unwirksamkeit einer Zwangvollstreckung, die schon im letzten Monat vor dem Antrag auf Eröffnung des Insolvenzverfahrens in Kraft tritt, bleibt für die Sanierung in der Insolvenz genügend Zeit, sodass alle Schritte sorgfältig überdacht und geplant werden können[87]. Eine vorschnelle und unüberlegte Veräußerung kann so meist vermieden werden.

Einer der größten Nachteile ist der Imageverlust, bzw. die Verringerung des Markenwertes. Da Unternehmensinsolvenzen öffentlich bekannt zu machen sind, werden auch die End-verbraucher über die Lage des Unternehmens informiert, was sie von Erwerb der Produkte dieser Unternehmung abhalten könnte, da das Unternehmen dem Markt nicht mehr zur Verfügung stehen könnte und so keine Ersatzteile mehr lieferbar wären oder Garantie-ansprüche nicht mehr befriedigt werden könnten.

Weiterhin kann es sein, dass Lieferanten nur noch gegen Vorkasse liefern, da sie sicher gehen wollen, dass ihre Forderungen nicht abgeschrieben werden müssen, oder dass die Bank die Kreditlinie kündigt, da es unrentablen und insolvenznahen Unternehmen durch Basel II[88] zunehmend schwerer fällt kostengünstige Kredite eingeräumt zu bekommen.

Auch wird es schwieriger, fällige Forderungen einzufordern, da die Neigung der Dritt-schuldner zu zahlen schon mit Anordnung des vorläufigen Insolvenzverwalters ohne sachliche Begründung rapide sinkt und da sich der Schuldner bei finanziellen Problemen meist scheut, kostspielige Gerichtsverfahren gegen die zahlungssäumigen Geschäftspartner anzustoßen, oder auch keine liquiden Mittel zu Verfügung hat, um das Verfahren zu finanzieren.

Bei der, auf erfolgloser Sanierung folgender, Liquidation oder Veräußerung wird das Unter-nehmen bzw. Unternehmensteile teilweise unter Wert veräußert, was eine Wertvernichtung

---

[87] Vgl. Amend (2003), § 2 Rn. 108 ff.; Schmittmann (2007), § 4 Rn. 11 f.; Weimar/ Grote (1998), S. 100.
[88] Basel II ist die neue Richtlinie, die Banken bei der Vergabe von Krediten und bei der Festlegung der Zinssätze zu berücksichtigen haben.

mit sich bringt. Auch wird diese Wendung von der Unternehmensführung meist nicht gewollt sein. Weiterhin wird durch die Insolvenz die Existenz vieler Arbeitnehmer der Unternehmung gefährdet. Sollte die Sanierung hingegen erfolgreich verlaufen, so stehen die wichtigsten und besten Arbeitnehmer schon bei anderen Unternehmen unter Vertrag, da sie der Ungewissheit und der drohenden Existenzangst entgehen wollen. Diese Arbeitnehmer finden problemlos einen neuen Arbeitgeber, denn gute Arbeitnehmer werden überall gebraucht.

5 Fazit

Die drei Insolvenzgründe Überschuldung, drohende Zahlungsunfähigkeit und Zahlungsunfähigkeit sind Vorraussetzung für die Insolvenzantragsstellung, was das Insolvenzeröffnungsverfahren nach sich zieht. Hat das Insolvenzgericht nach Prüfung des Antrages keine
Einwände, so wird das Insolvenzverfahren eröffnet. Der Insolvenzverwalter hat nun die
Fortführung und Sanierung der Unternehmung zu prüfen, was auch mit Hilfe eines Insolvenzplanes möglich ist. Die Bemühungen, das Vermögen des Schuldners so zu verwerten, dass
alle Gläubiger befriedigt werden, schließt mit Beendigung des Insolvenzverfahrens ab.

Letztendlich ist die Insolvenz aus Imagegründen, sowie auch aus Existenzgründen der
Beschäftigten zu vermeiden. Um einer Insolvenz vorzubeugen ist die Einrichtung von
Insolvenzfrühwarnsystemen erforderlich, welches auf bestandsgefährdende Entwicklungen,
sowie nachteilige Veränderungen aufmerksam macht[89]. Durch besondere Beachtung von
festgelegten Kennzahlengrenzen sind, bei Überschreitung dieser Schwellen, Gegenmaß-
nahmen einzuleiten, um der Insolvenz zu entgehen, was bei frühzeitiger Reaktion den
gewünschten Erfolg eher mit sich bringen kann.

---

[89] Vgl. Schmittmann (2006), S. 248 f.

Literaturverzeichnis

Amend, A. (2003): Insolvenzpraxis, Bonn: Deutscher Anwaltverlag.

Arens, W. (1999): Straftaten in der Unternehmenskrise und –insolvenz, in: **Weisemann, U./ Smid, S.** [Hrsg.] (1999): Handbuch Unternehmensinsolvenz, Köln: RWS Verlag Kommunikationsforum.

Beck, S. (2003): Vorläufige Insolvenzverwaltung, in: **Beck, S./ Depré, P.** [Hrsg.] (2003): Praxis der Insolvenz, München: Vahlen, S. 251 – 318 (§ 6).

Beck, S./ Depré, P. [Hrsg.] (2003): Praxis der Insolvenz, München: Vahlen.

Binz, F./ Hess, H. (2004): Der Insolvenzverwalter, Heidelberg: C. F. Müller.

Braun, H.-D./ Wierzioch, E. (2003): Sozialrecht, in: **Beck, S./ Depré, P.** [Hrsg.] (2003): Praxis der Insolvenz, München: Vahlen, S. 926 – 1012 (§ 21A).

Gottwald, P. [Hrsg.] (2006): Insolvenzrechts-Handbuch, 3. Aufl., München: C. H. Beck.

Häger, M. (2004): Checkbuch Überschuldung und Sanierung, 3. Aufl., Köln: Dr. Otto Schmidt.

Maus, K.-H. (2004): Insolvenzrecht in der Praxis, Münster: ZAP Verlag für die Rechts- und Anwaltspraxis.

Mohrbutter, H./ Ringstmeier, A. [Hrsg.] (2007): Handbuch der Insolvenzverwaltung, 8. Aufl., Berlin u. a.: C. Heymanns.

Pape, G./ Uhlenbruck, W. (2002): Insolvenzrecht, München: C. H. Beck.

Plössner, M. (2007): Arbeits- und Sozialrecht in der Insolvenz, in: **Mohrbutter, H./ Ringstmeier, A.** [Hrsg.] (2007): Handbuch der Insolvenzverwaltung, 8. Aufl., Berlin u. a.: C. Heymanns, S. 1619 – 1690 (§ 29).

Schauf, M. [Hrsg.] (2006): Unternehmensführung im Mittelstand, München und Mering: Hampp.

Schmittmann, J. (2006): Involvenz- und Kriesenmanagement im Mittelstand, in: Schauf, M. [Hrsg.] (2006): Unternehmensführung im Mittelstand, München und Mering: Hampp, S. 245 – 273.

Schmittmann, J./ Theurich, H./ Brune, T. (2007): Das insolvenzrechtliche Mandat, 2. Aufl., Bonn: Deutscher Anwalt Verlag.

Uhlenbruck, W. (2006): Einstweilige Maßnahmen des Insolvenzgerichts, in: **Gottwald, P.** [Hrsg.] (2006): Insolvenzrechts-Handbuch, 3. Aufl., München: C. H. Beck, S. 248 – 340 (§ 14).

Voigt-Salus, J. (2007): Die Betriebsfortführung, in: **Mohrbutter, H./ Ringstmeier, A.** [Hrsg.] (2007): Handbuch der Insolvenzverwaltung, 8. Aufl., Berlin u. a.: C. Heymanns, S. 1241 – 1314 (§ 22).

Weimar, R./ Grote, K.-P. [Hrsg.] (1998): Krisenmanagement in der GmbH, Wiesbaden: Gabler.

Weisemann, U./ Holz, W. (1999): Das Insolvenzplanverfahren, in: **Weisemann, U./ Smid, S.** [Hrsg.] (1999): Handbuch Unternehmensinsolvenz, Köln: RWS Verlag Kommunikationsforum, S. 567 – 602 (Kap. 15).

Weisemann, U./ Smid, S. [Hrsg.] (1999): Handbuch Unternehmensinsolvenz, Köln: RWS Verlag Kommunikationsforum.

Weyand, R. (2003): Insolvenzdelikte, 6. Aufl., Bielefeld: Erich Schmidt.

Zisowski, U. (2001): Grundsätze ordnungsgemäßer Überschuldungsrechnung, Diss., Bielefeld: Erich Schmidt.